collana didattica di musiche a cura di
Celestino Dionisi

Dedicato al Flauto Dolce

Gli scambi tra le dita
per Contralto
Exchanges between fingers
for Treble recorder

Vol. 2

Baroque Personal Trainer
http://studioemc.it/baroquetrainer/

Per vedere i video relativi a questo e ad altri volumi della collana:
To view videos on this and other books in the series:
You Tube http://www.youtube.com/user/BaroqueTrainer

Gli scambi fra le dita
Exchanges between fingers
vol. 2

Si ♭

4

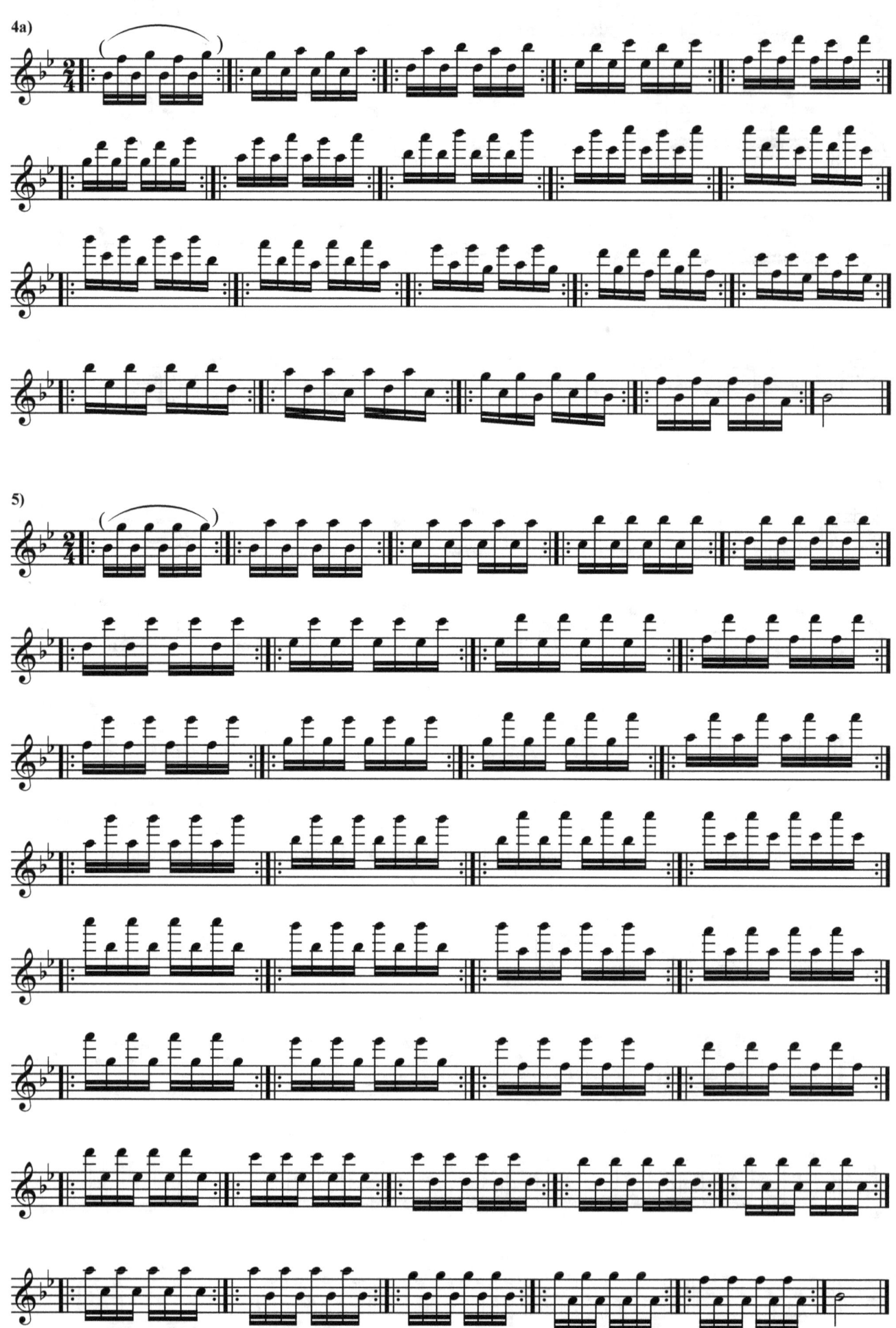

Sol minore armonica

1)

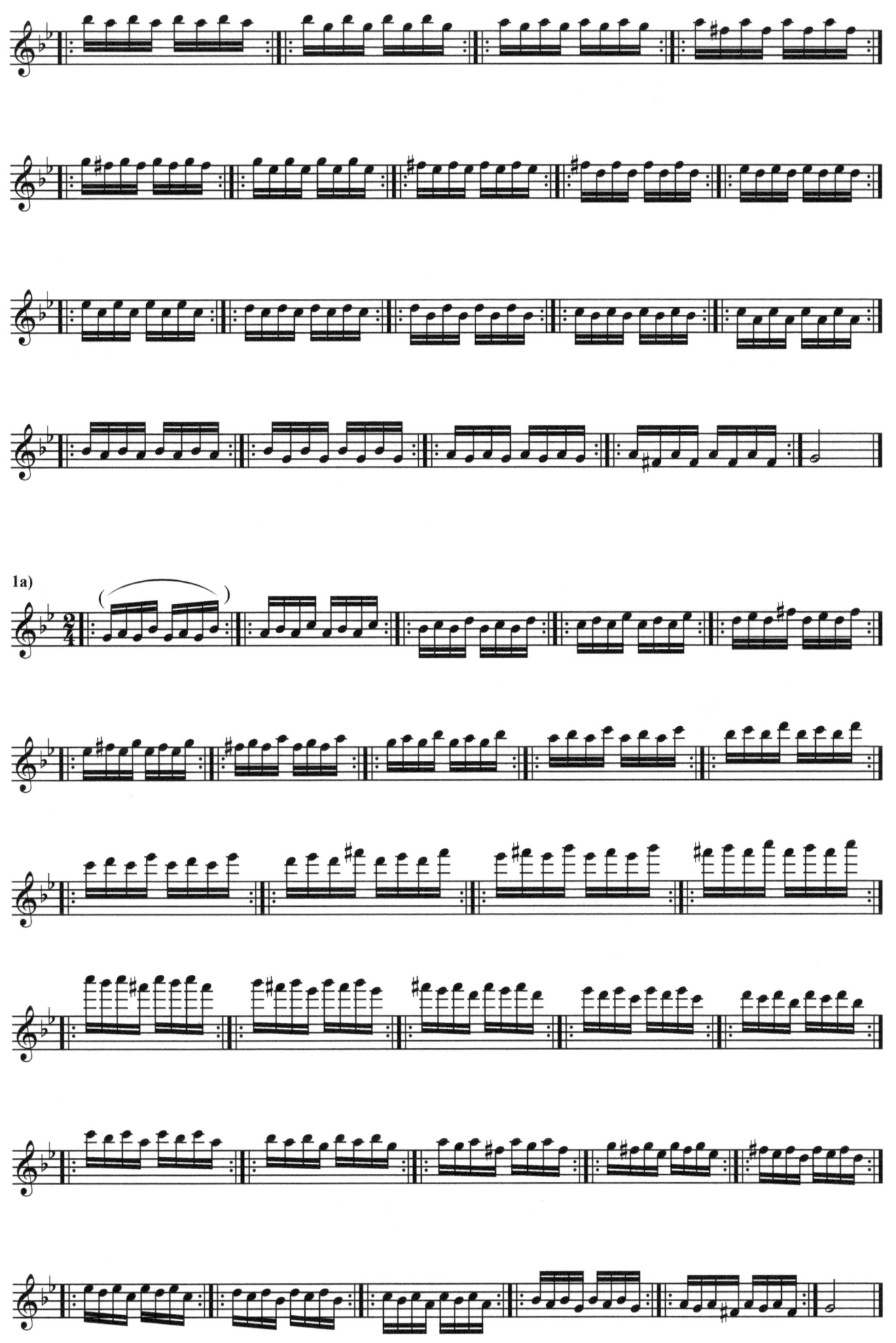

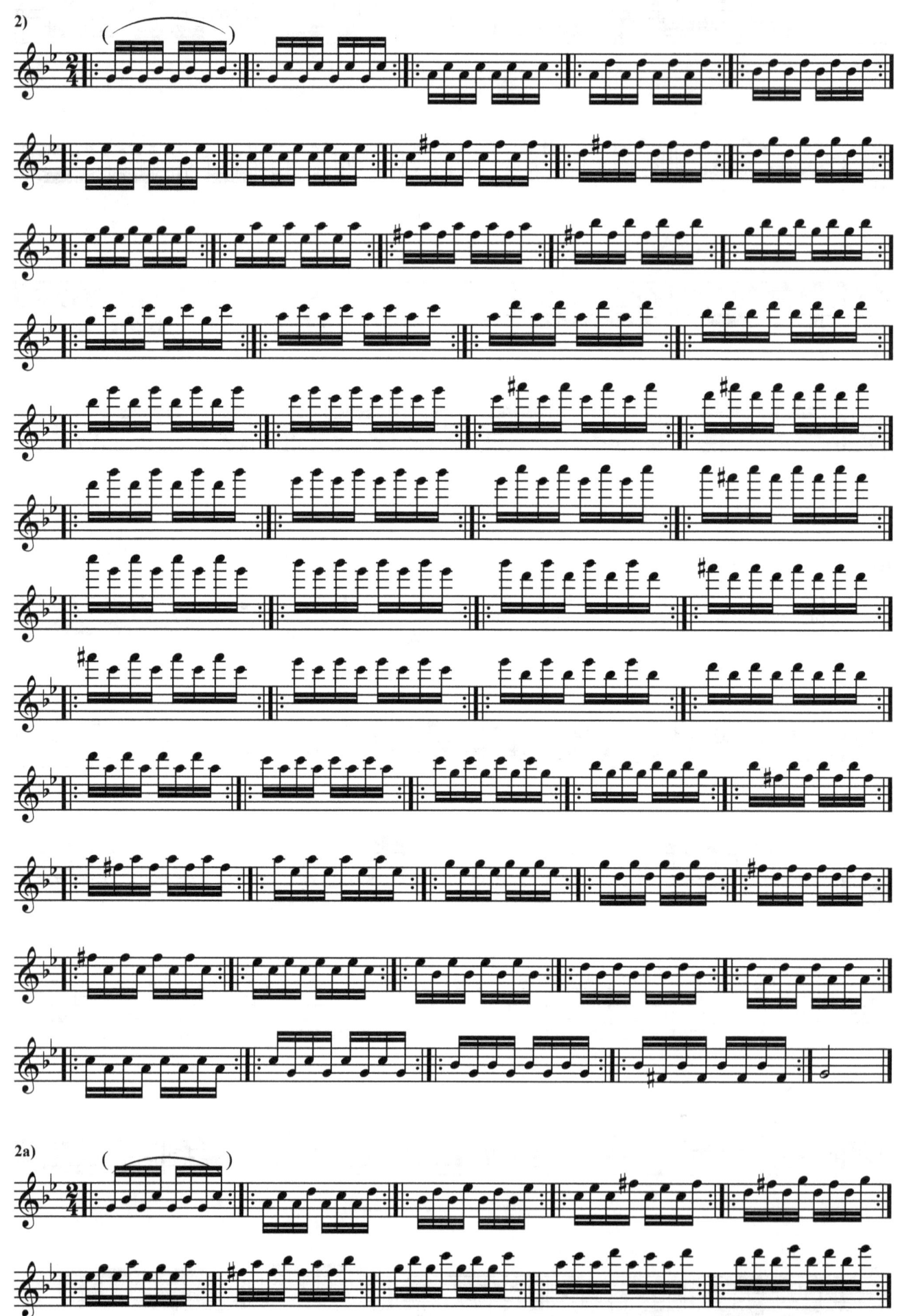

Sol minore melodica

1)

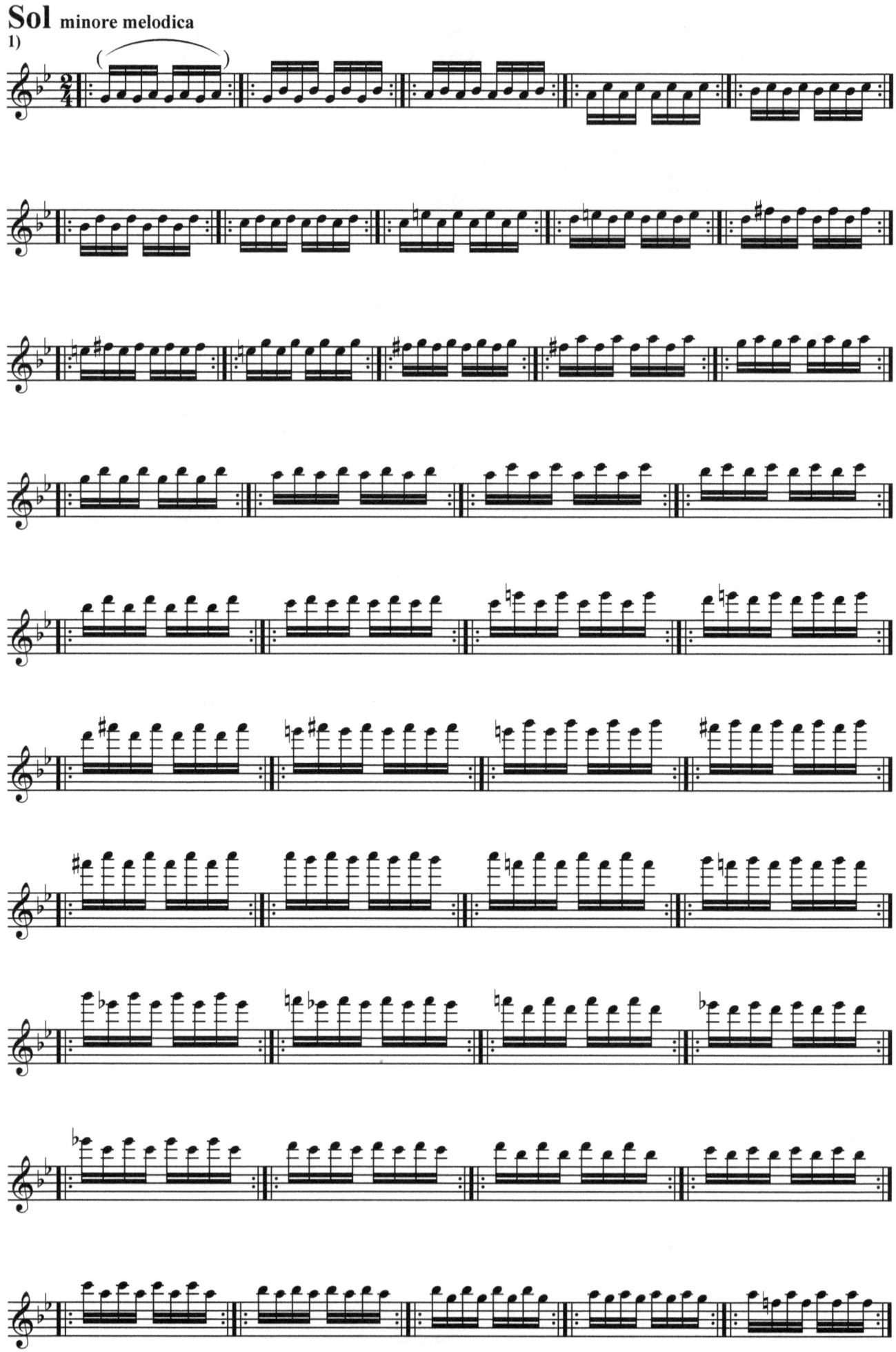

23

24

Sol minore Bach
1)

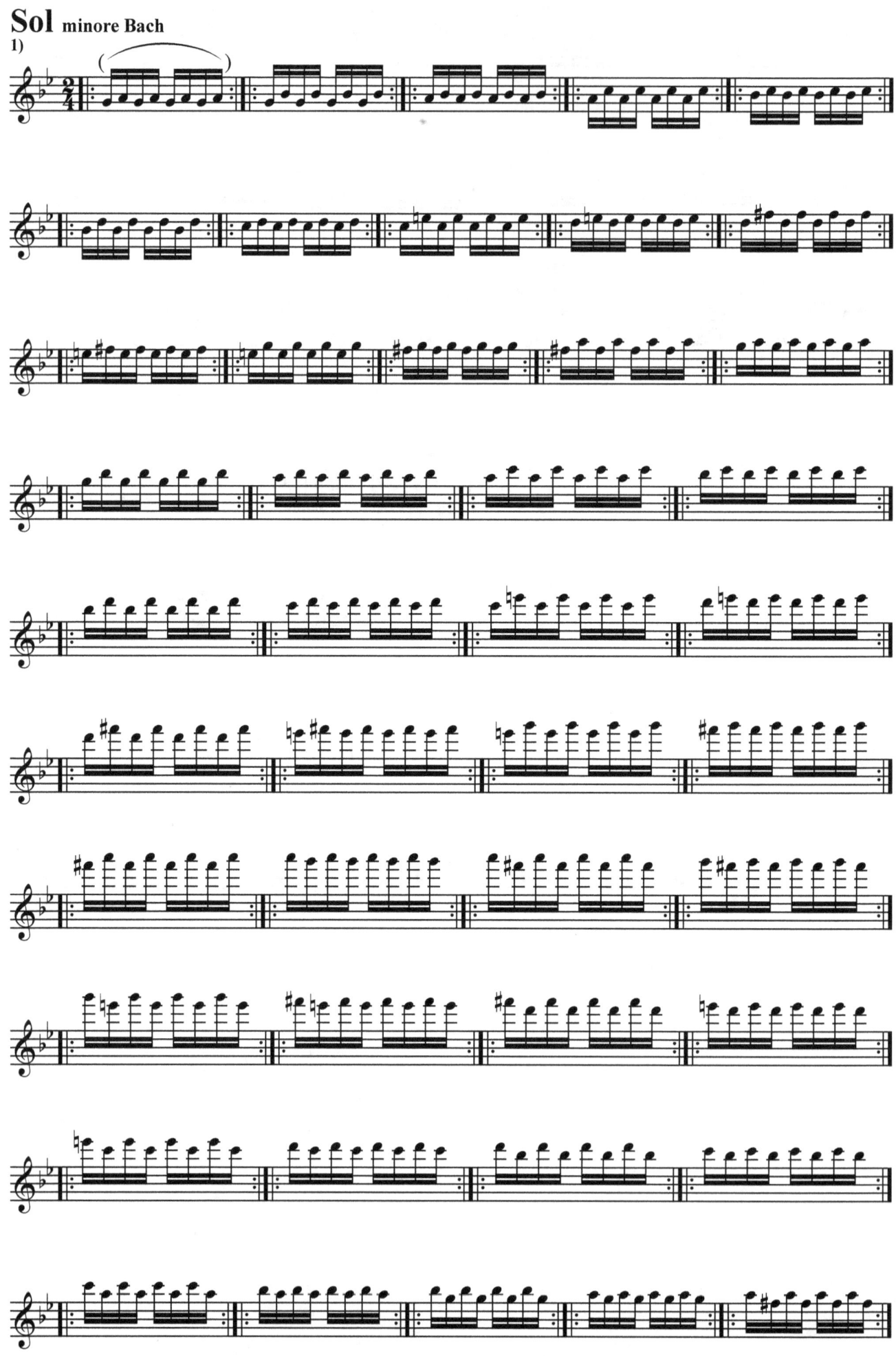

1a)

26

28

30

Re

1)

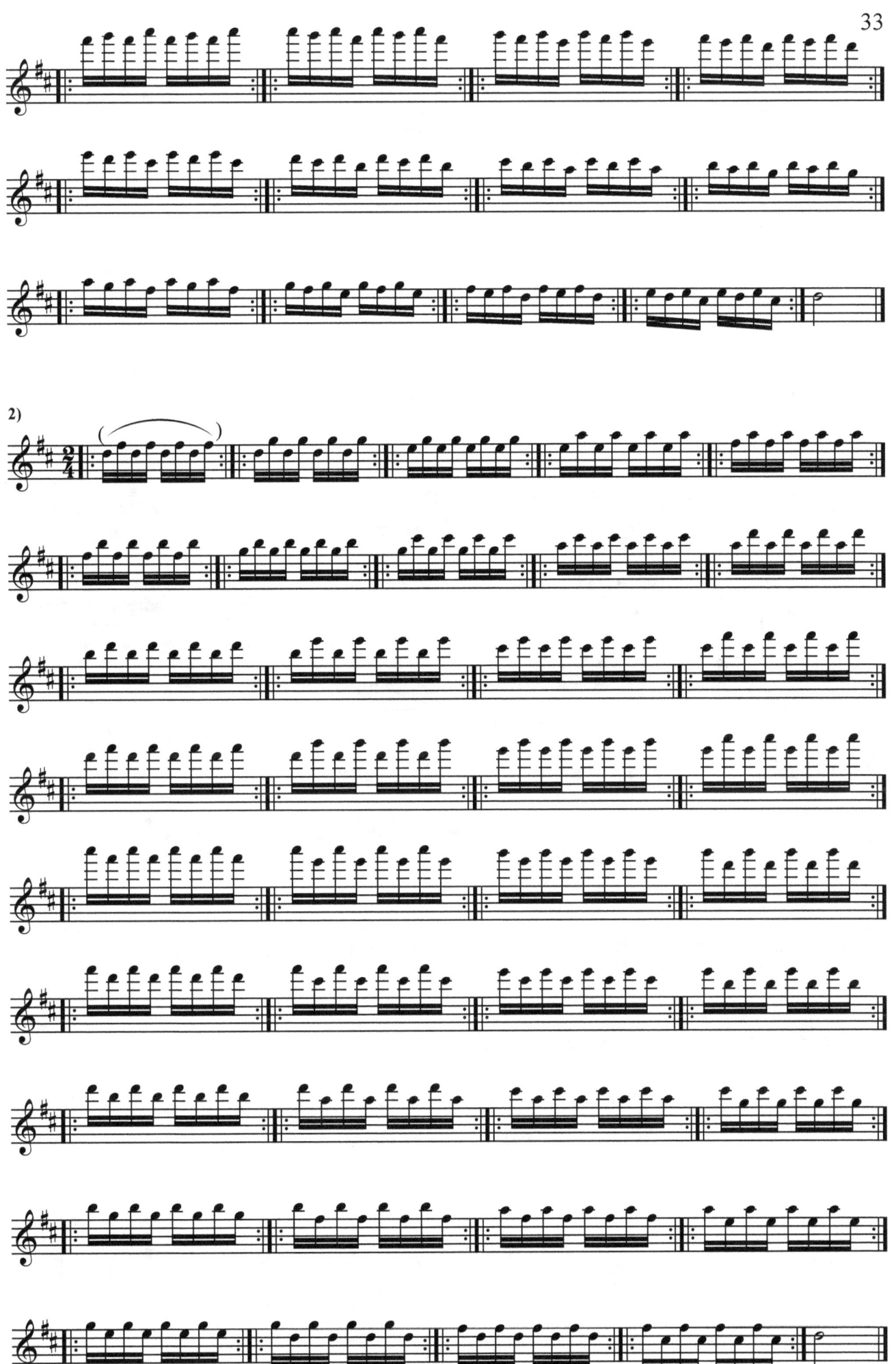

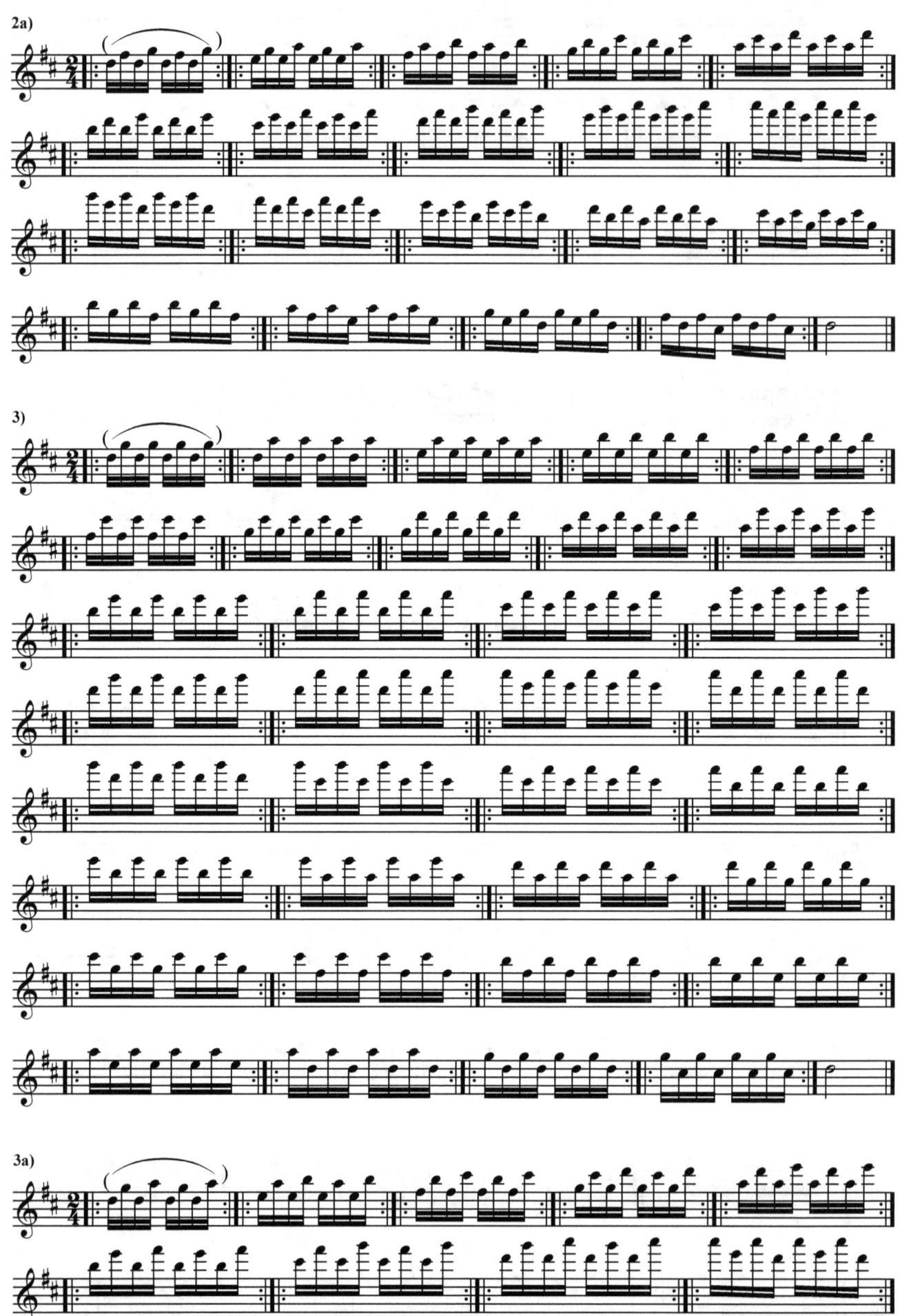

35

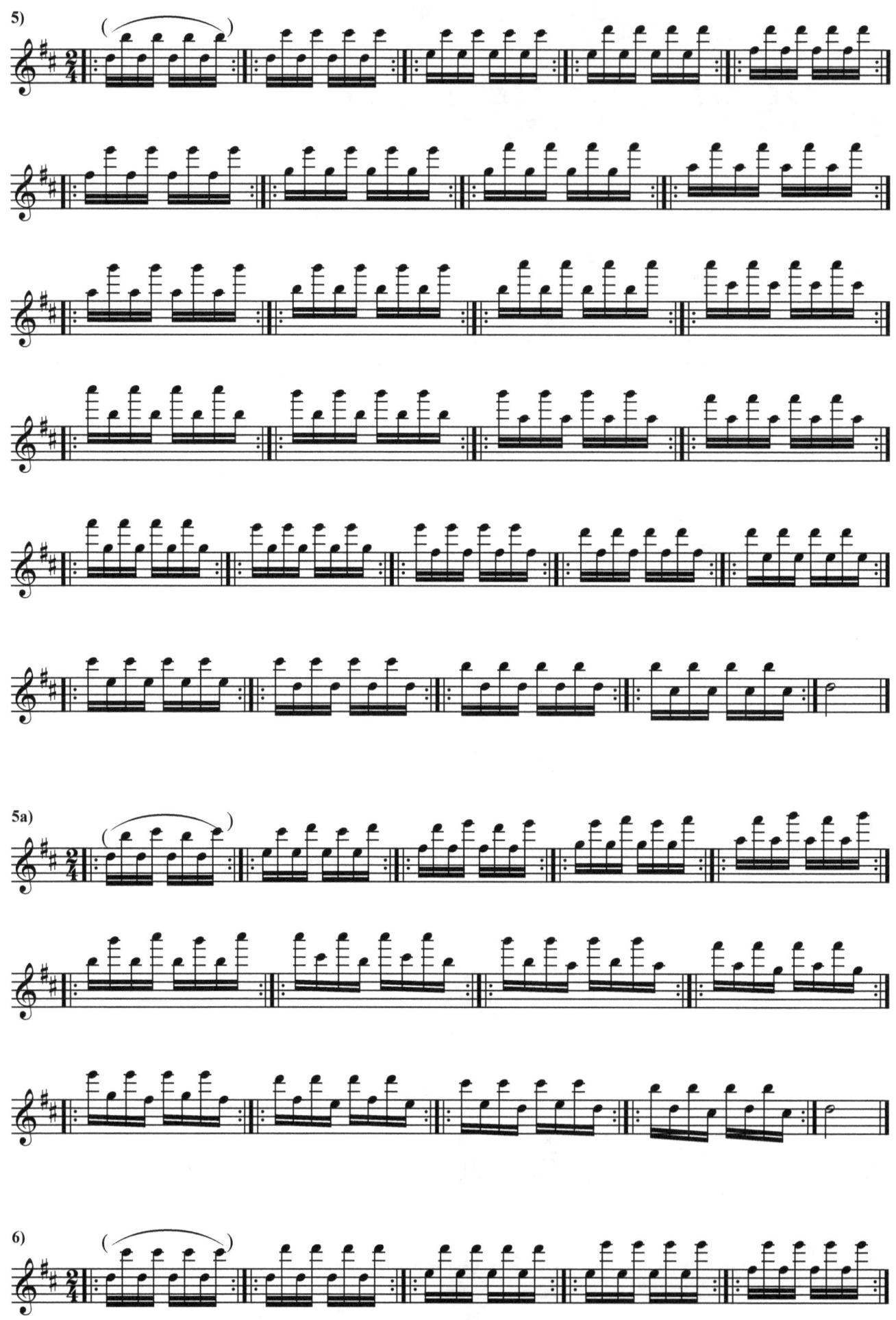

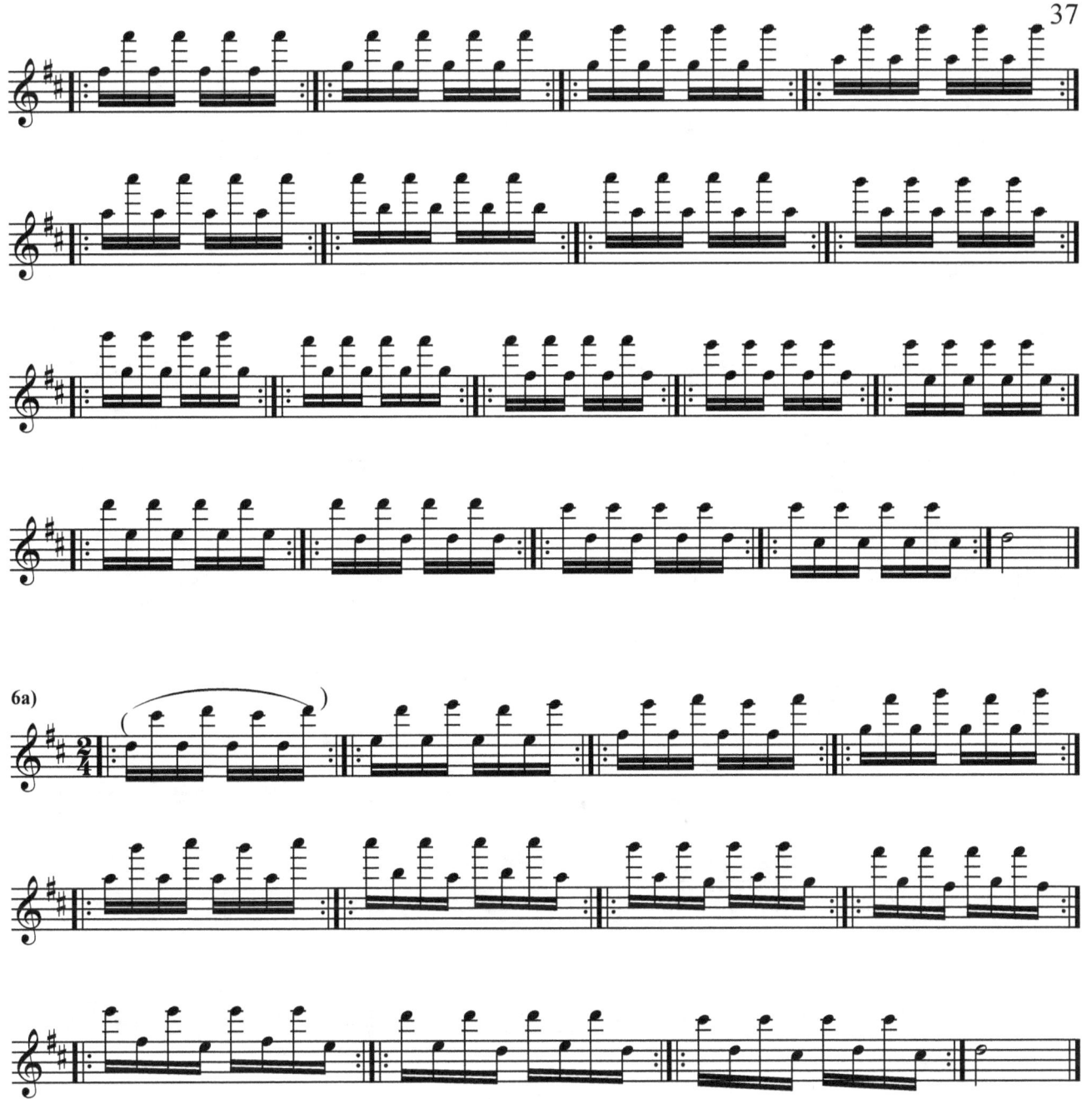

Si minore armonica

1)

1a)

Si minore melodica

1)

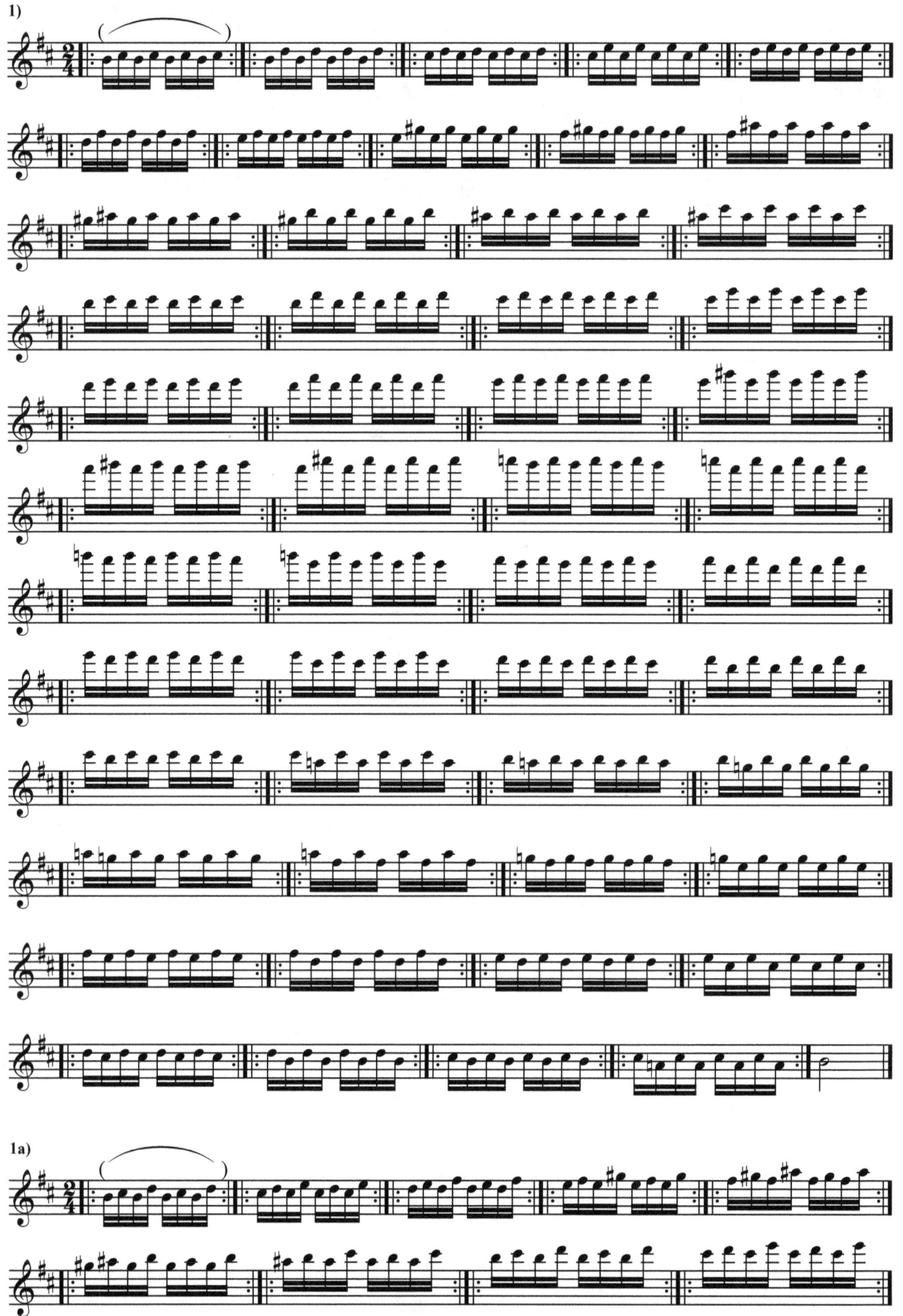

1a)

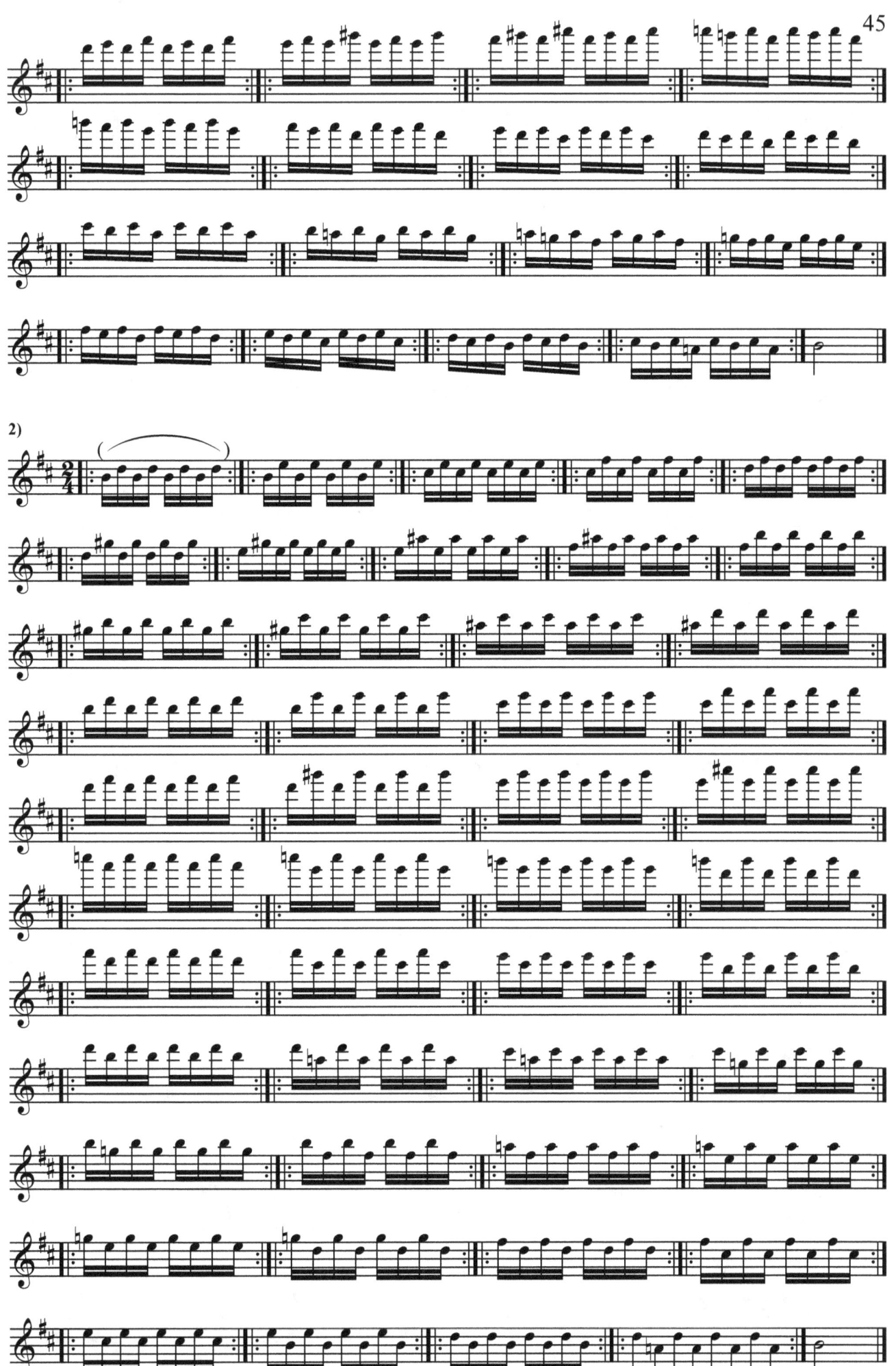

Si minore Bach
1)

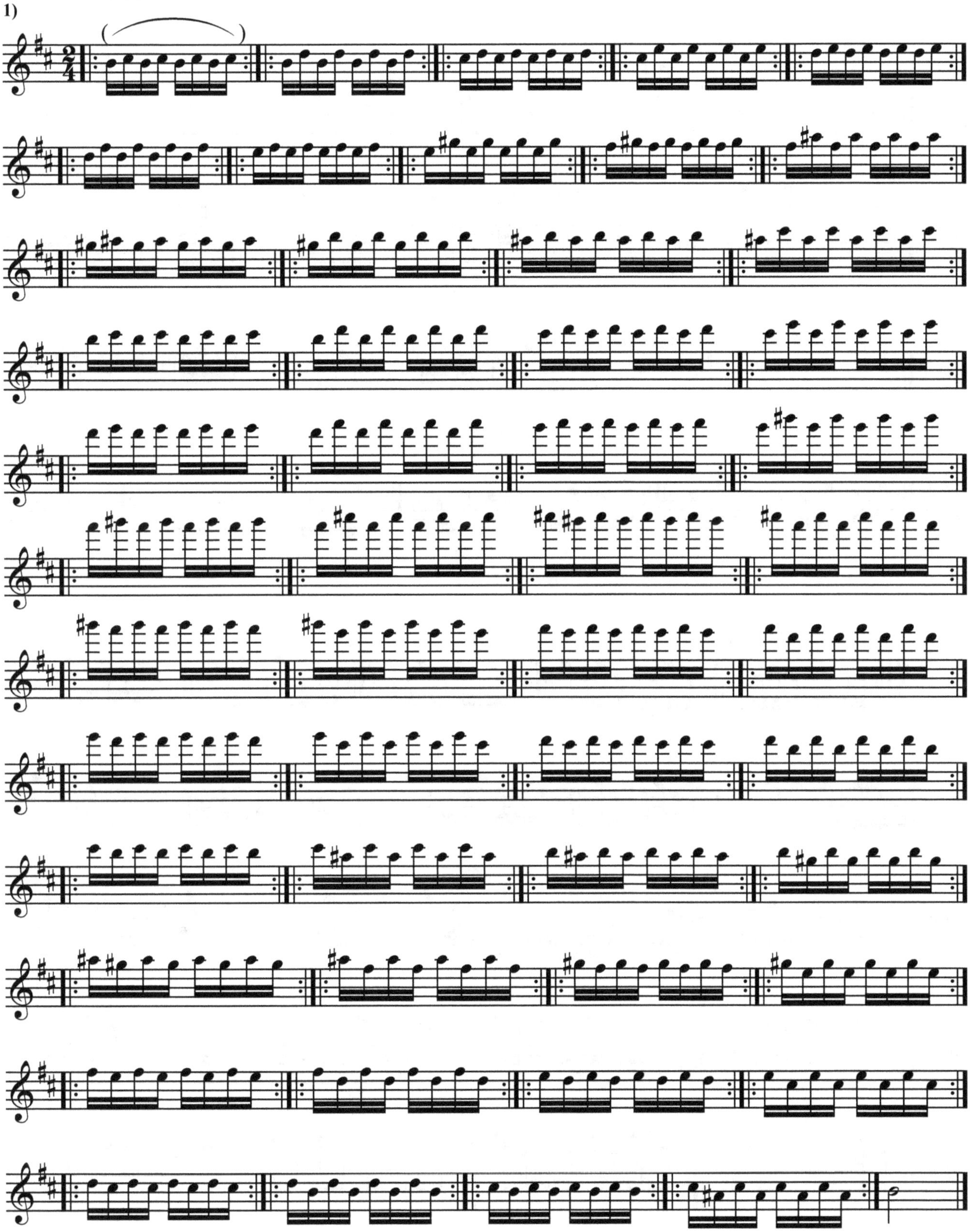

54

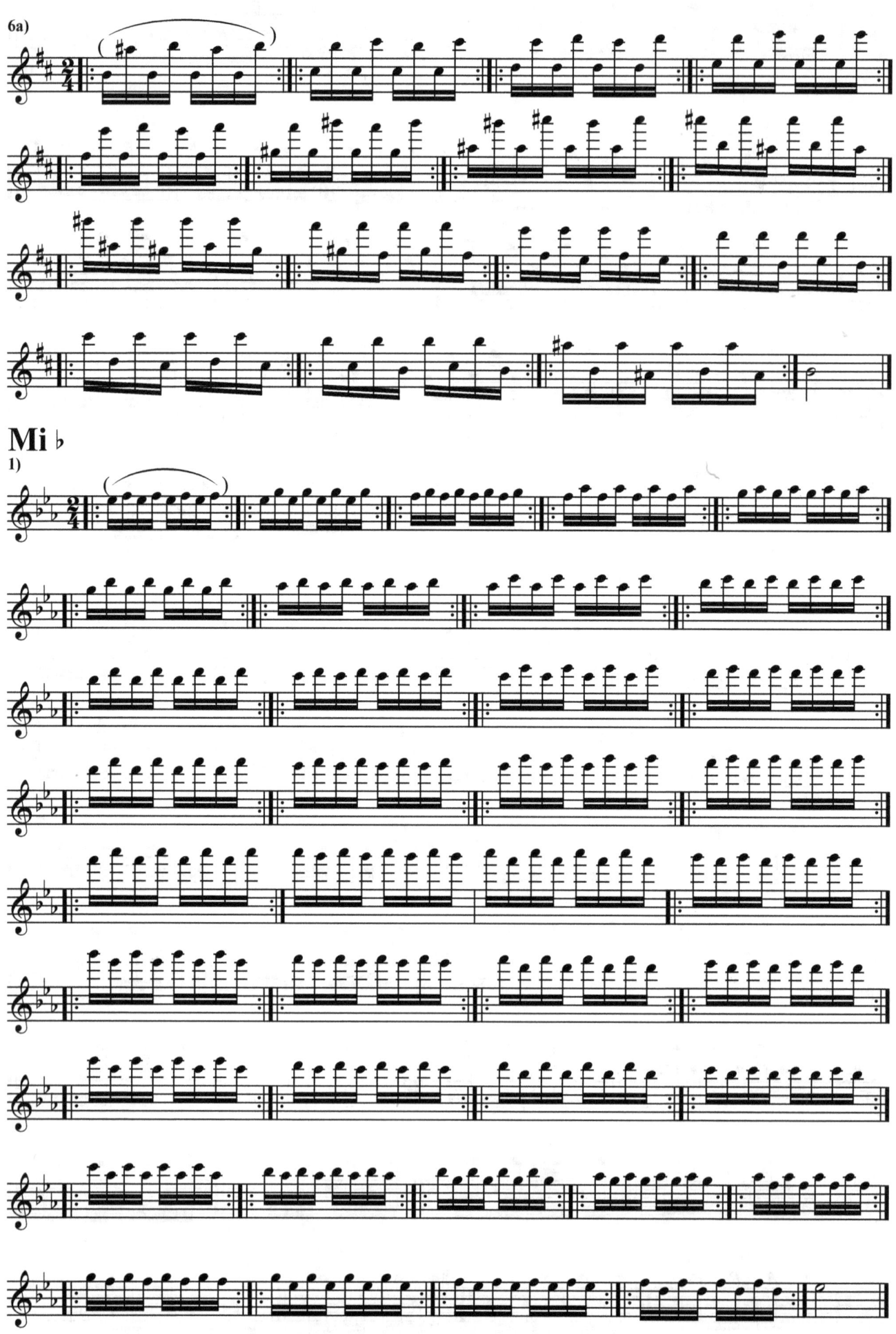

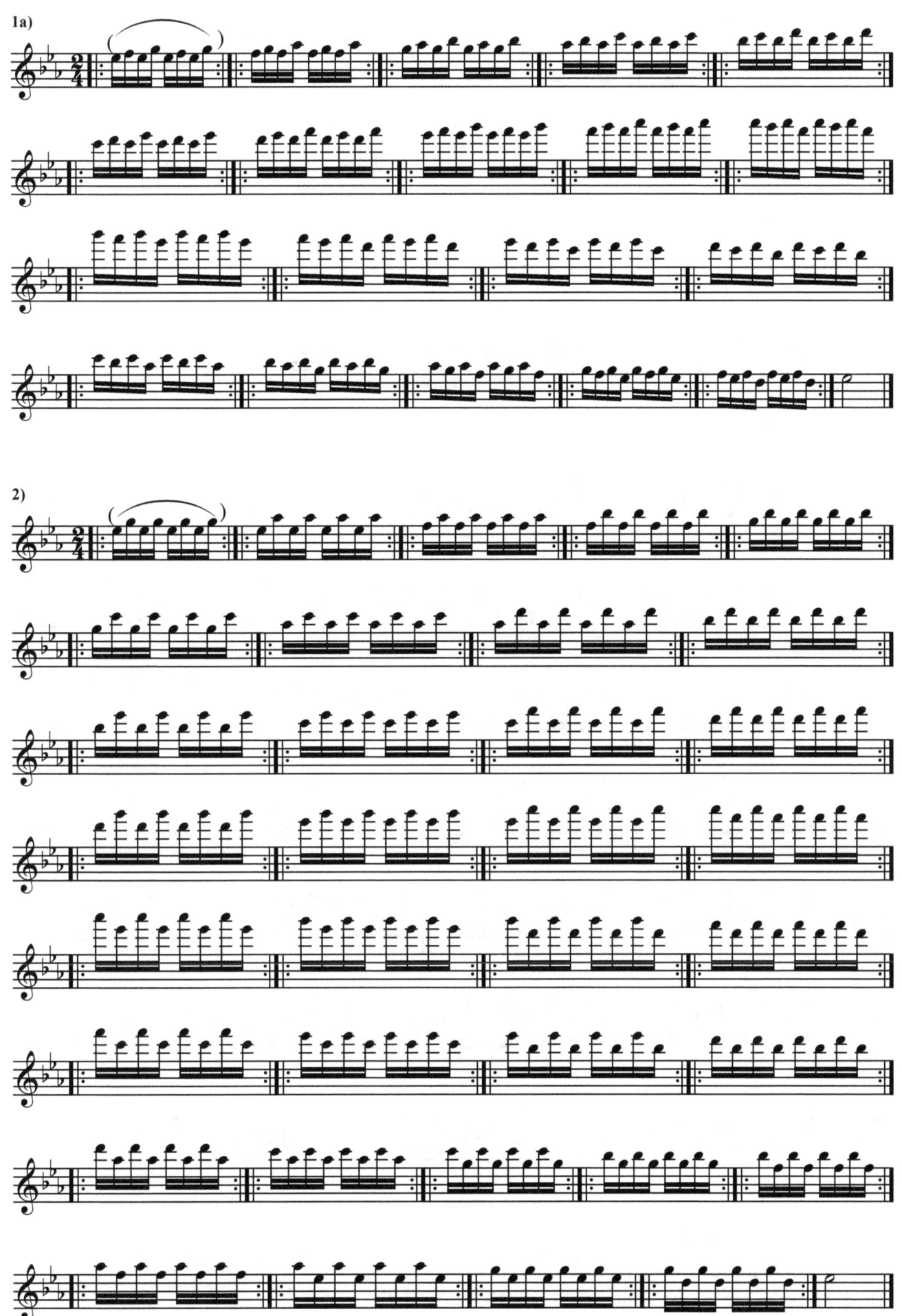

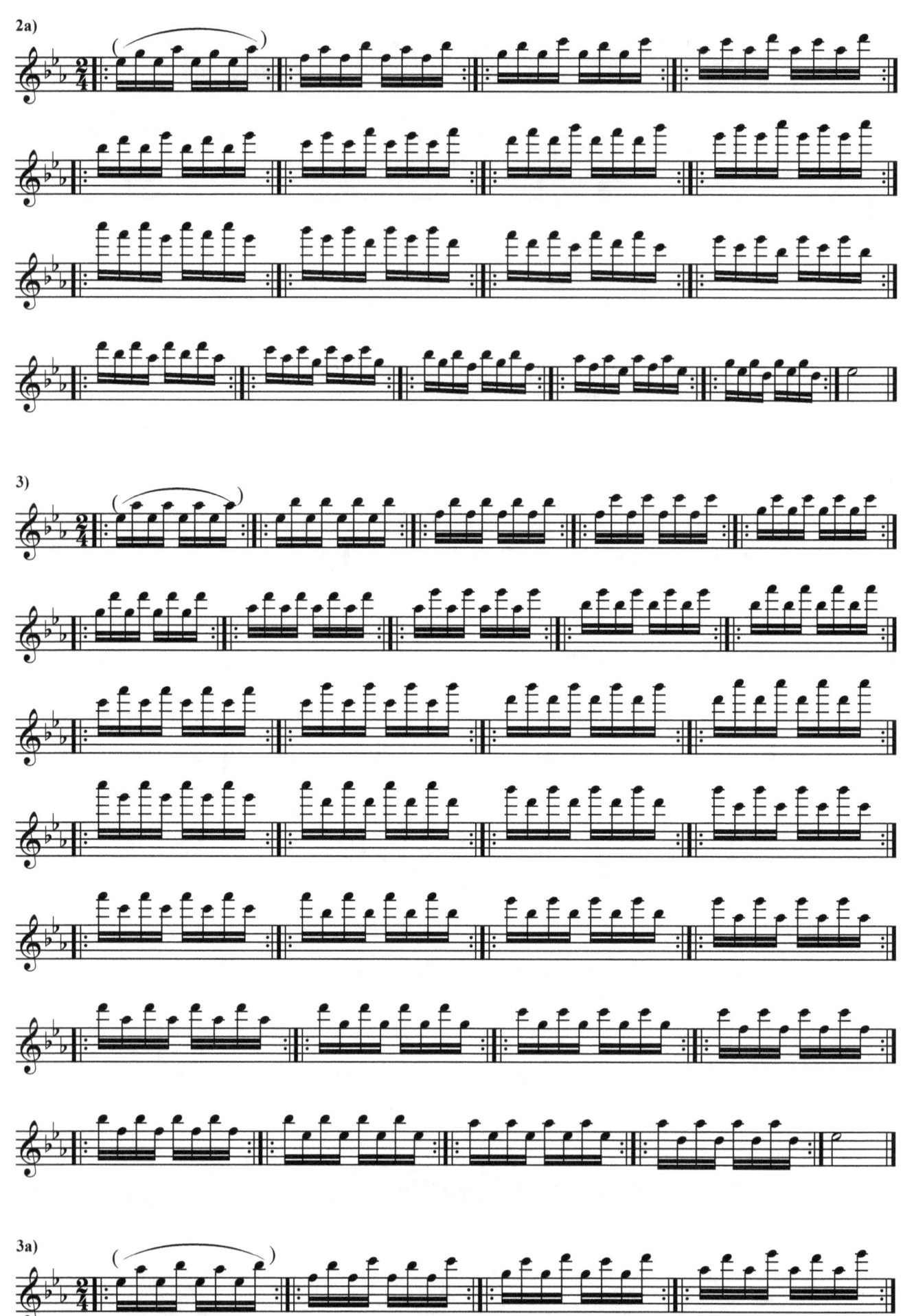

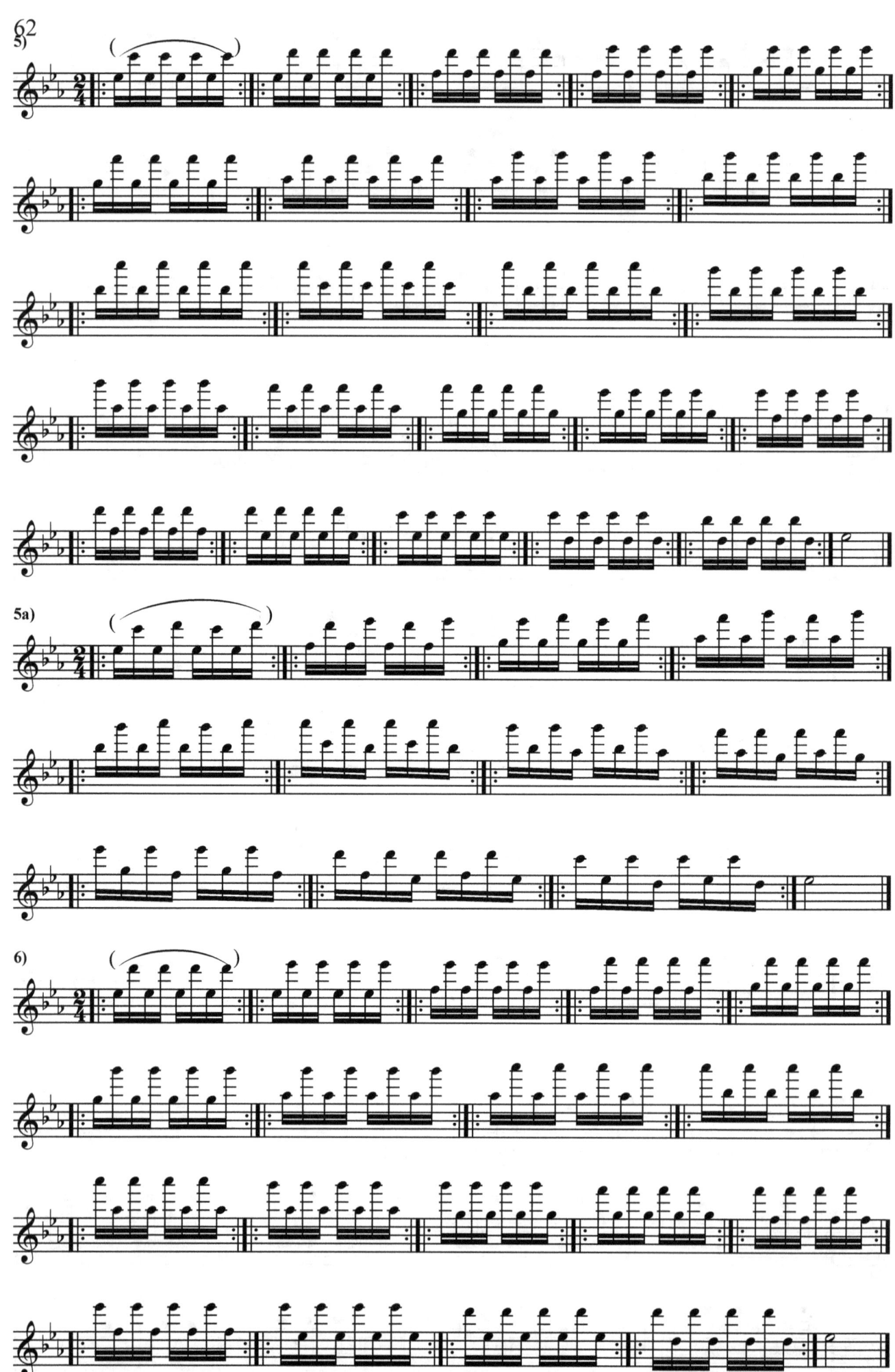

6a)

Do minore armonica
1)

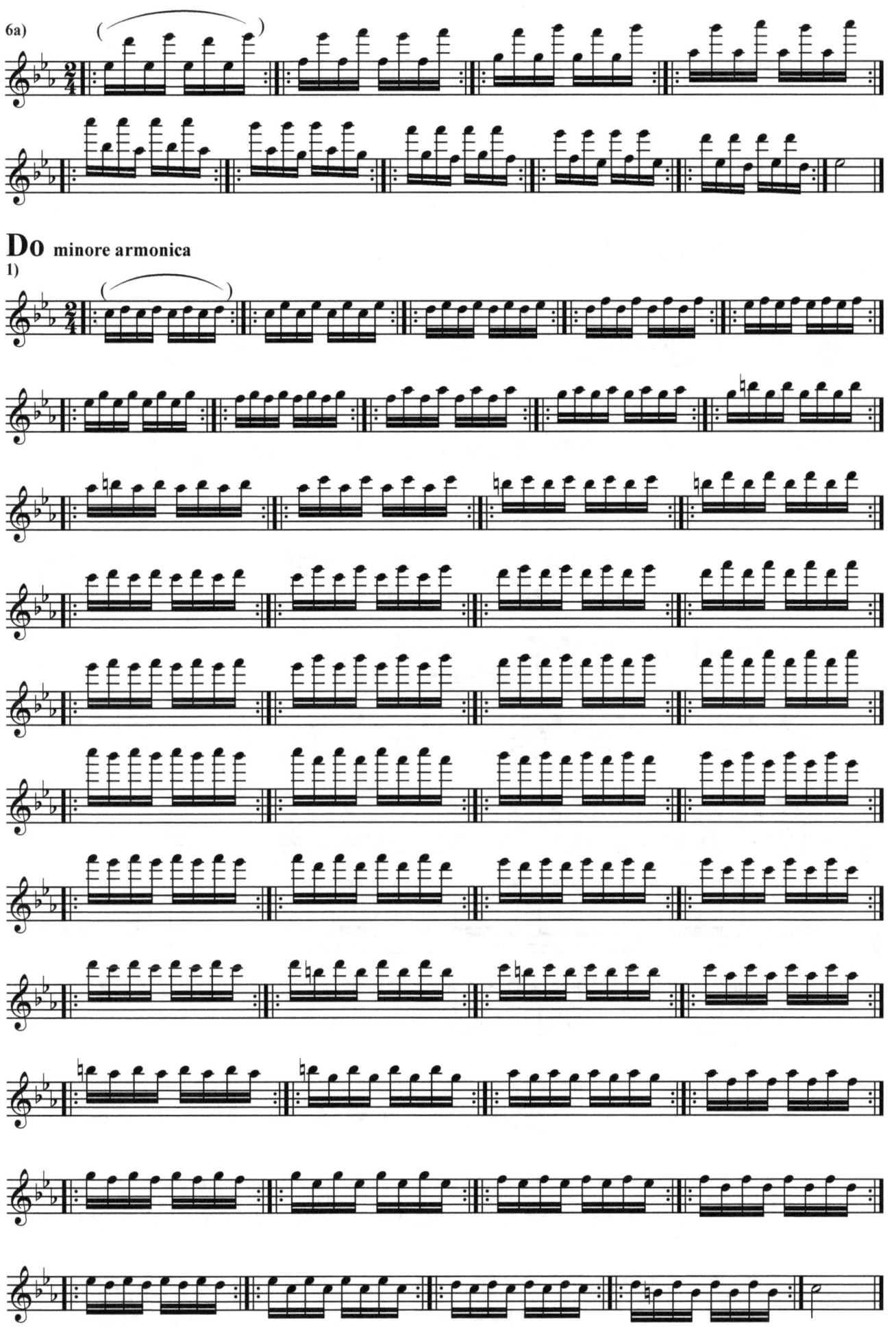

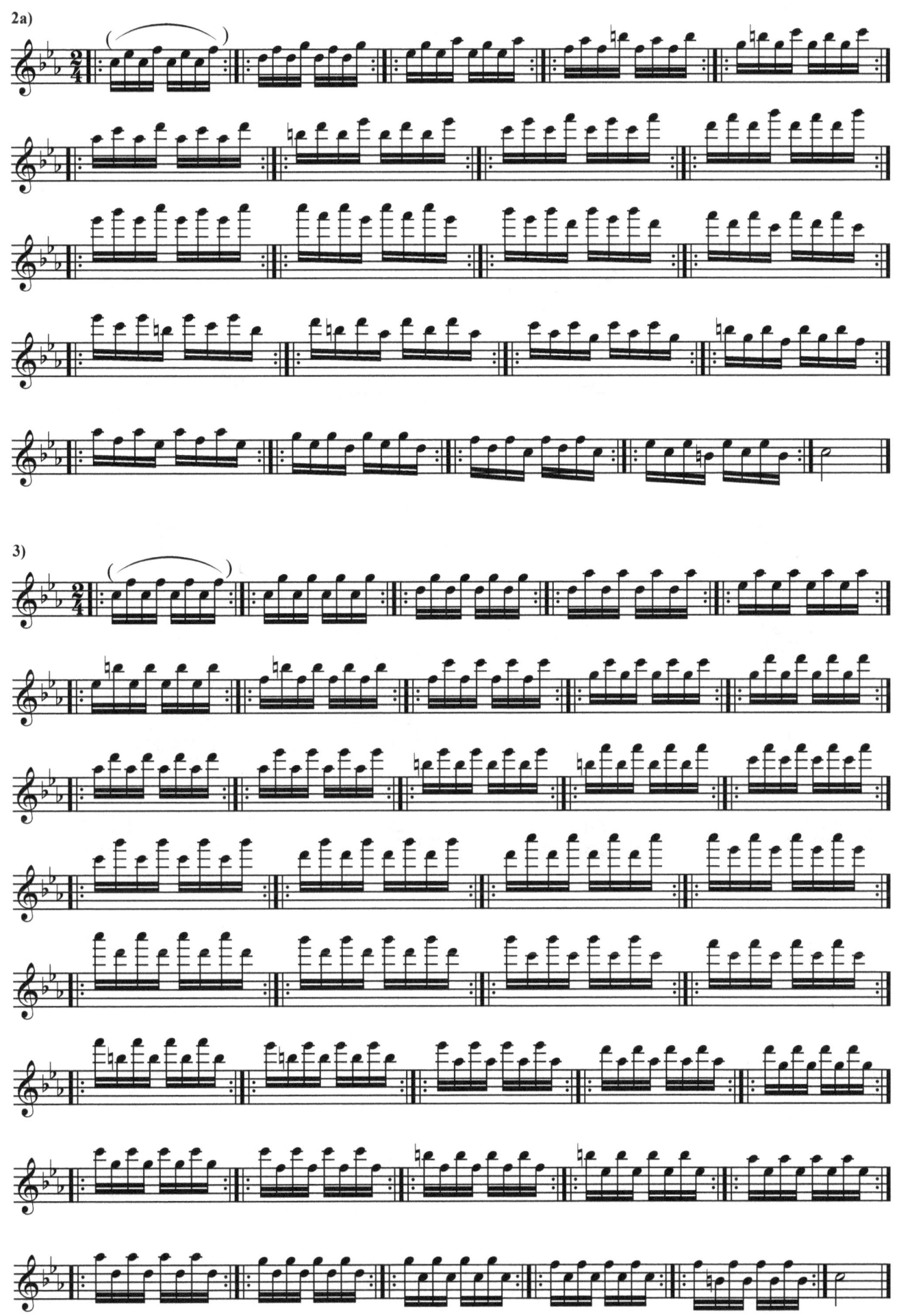

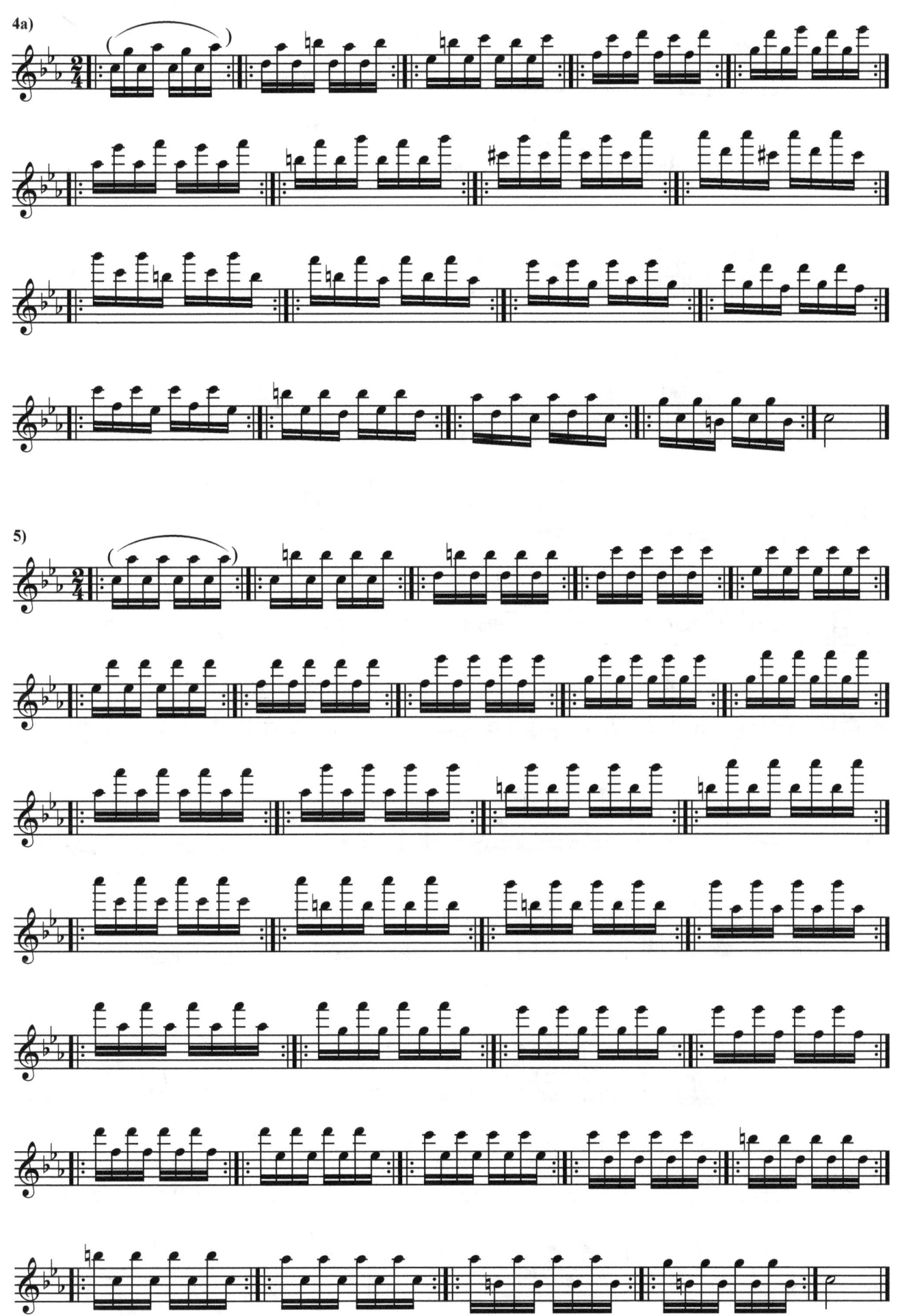

Do minore melodica

1)

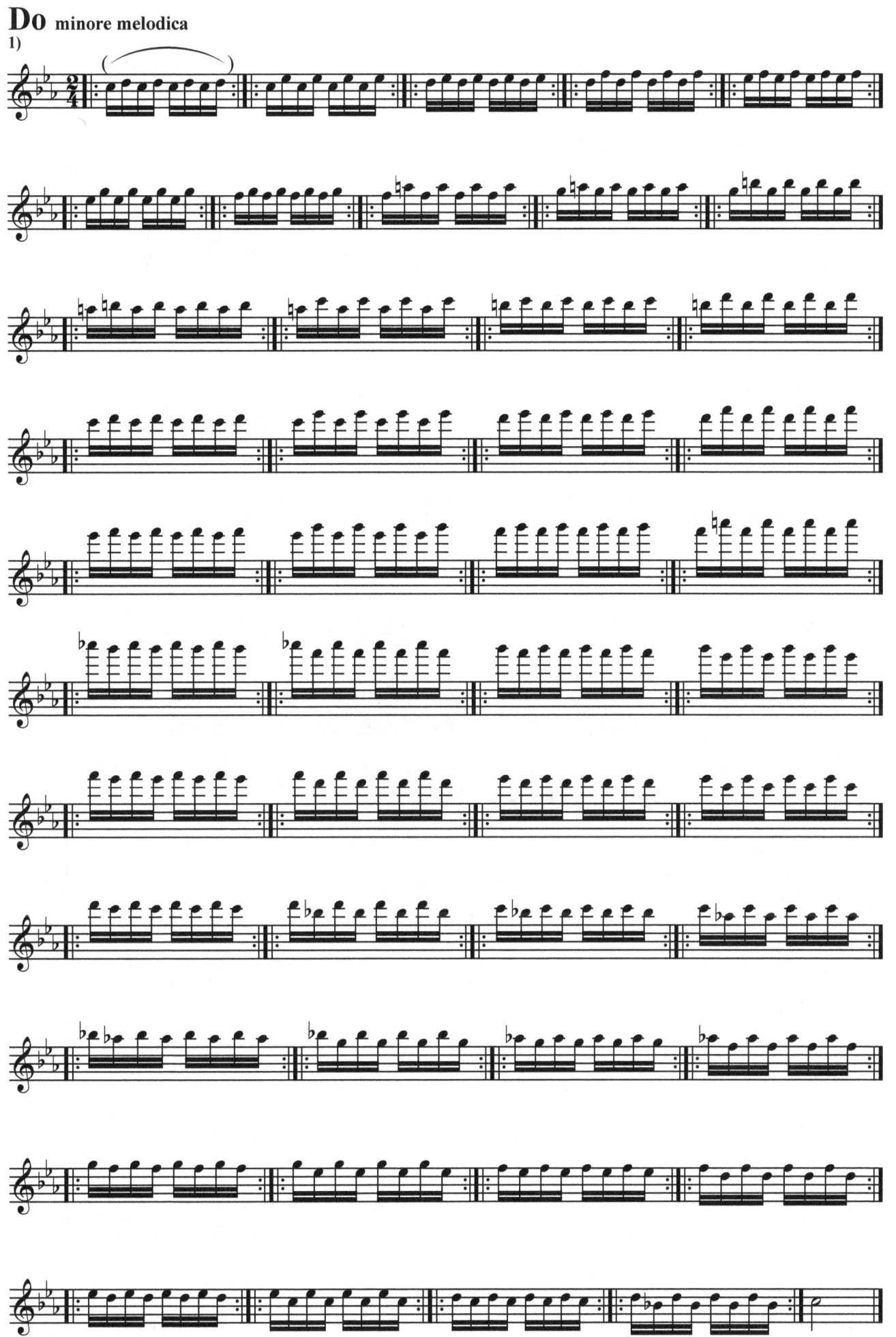

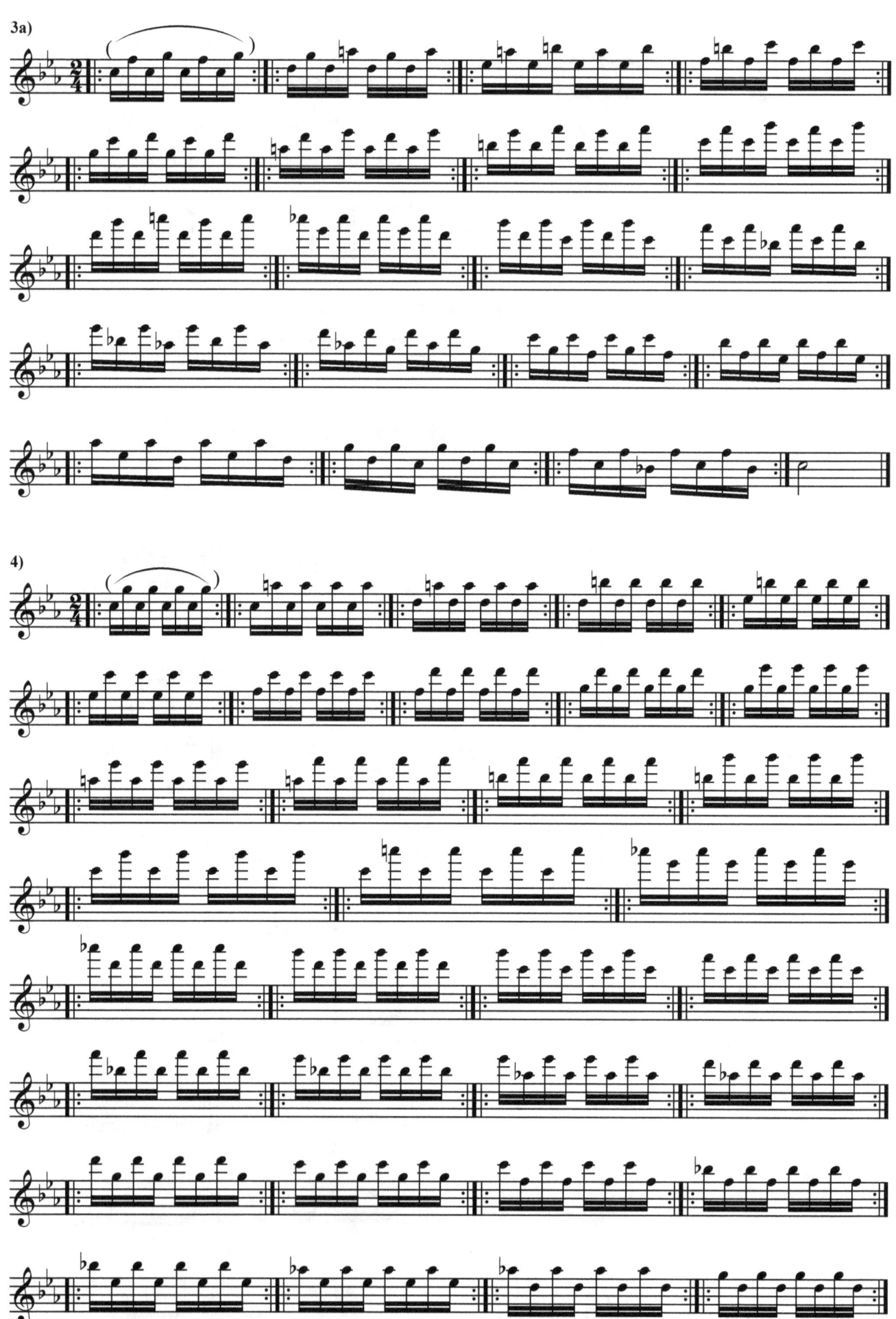

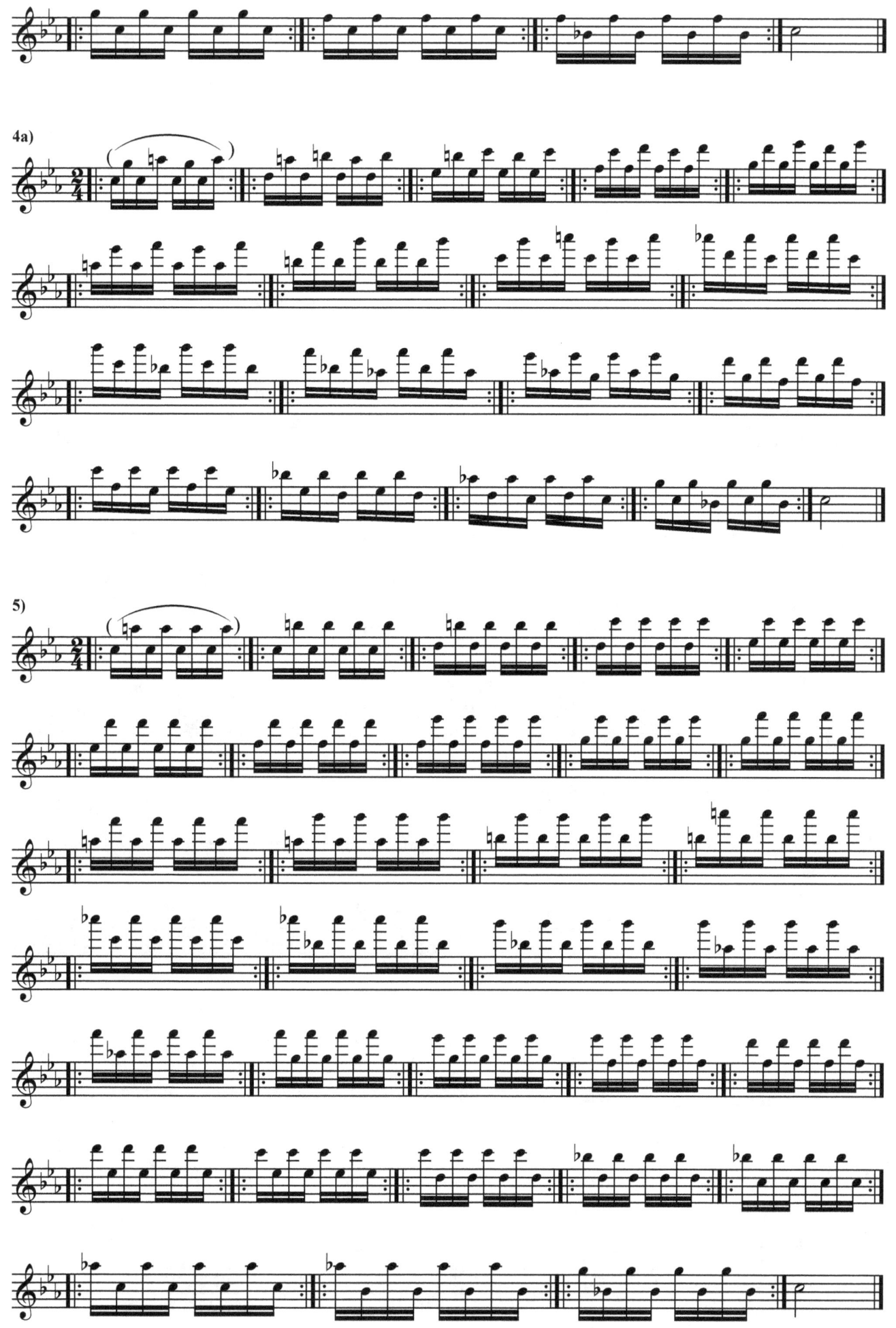

Do minore Bach

1)

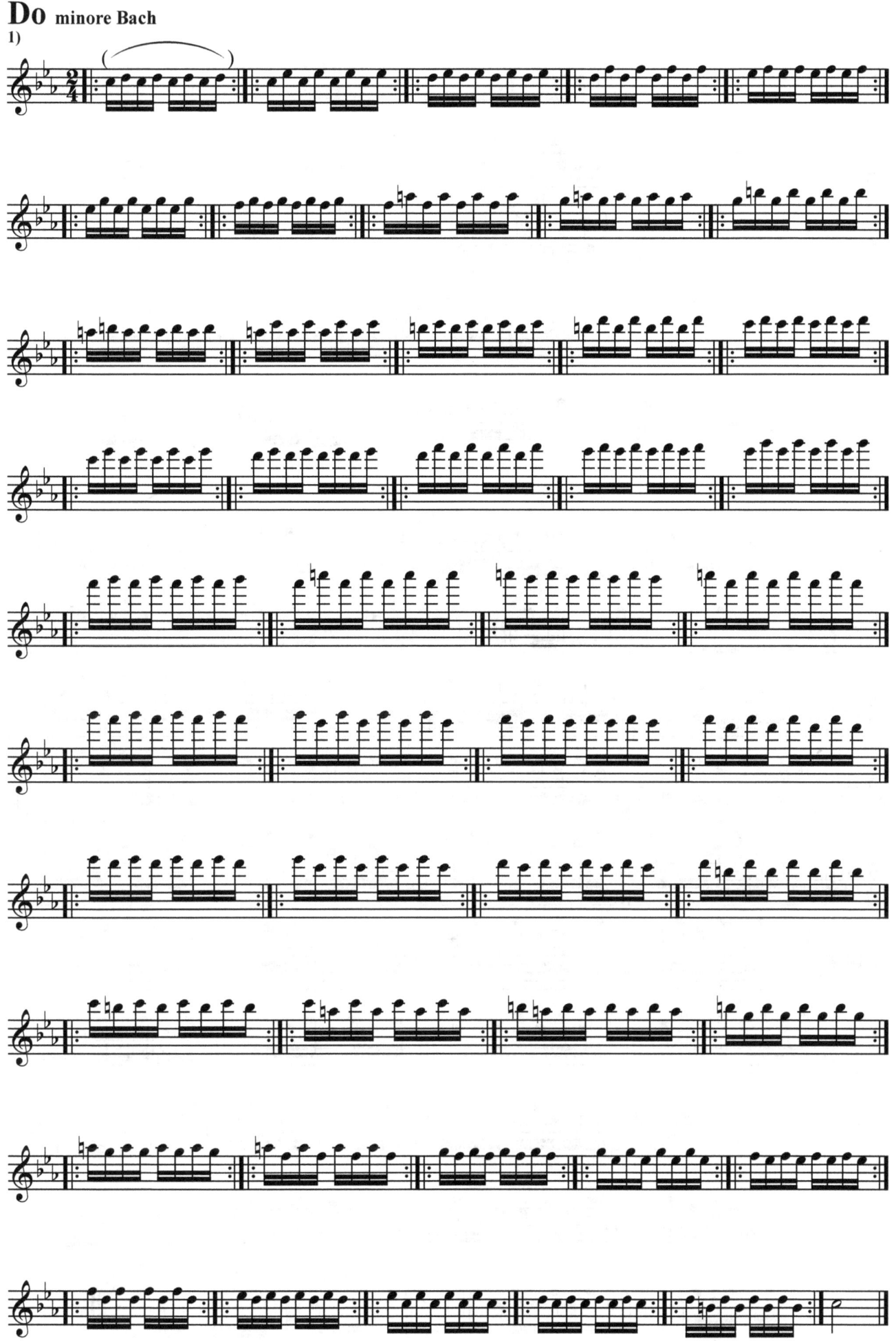

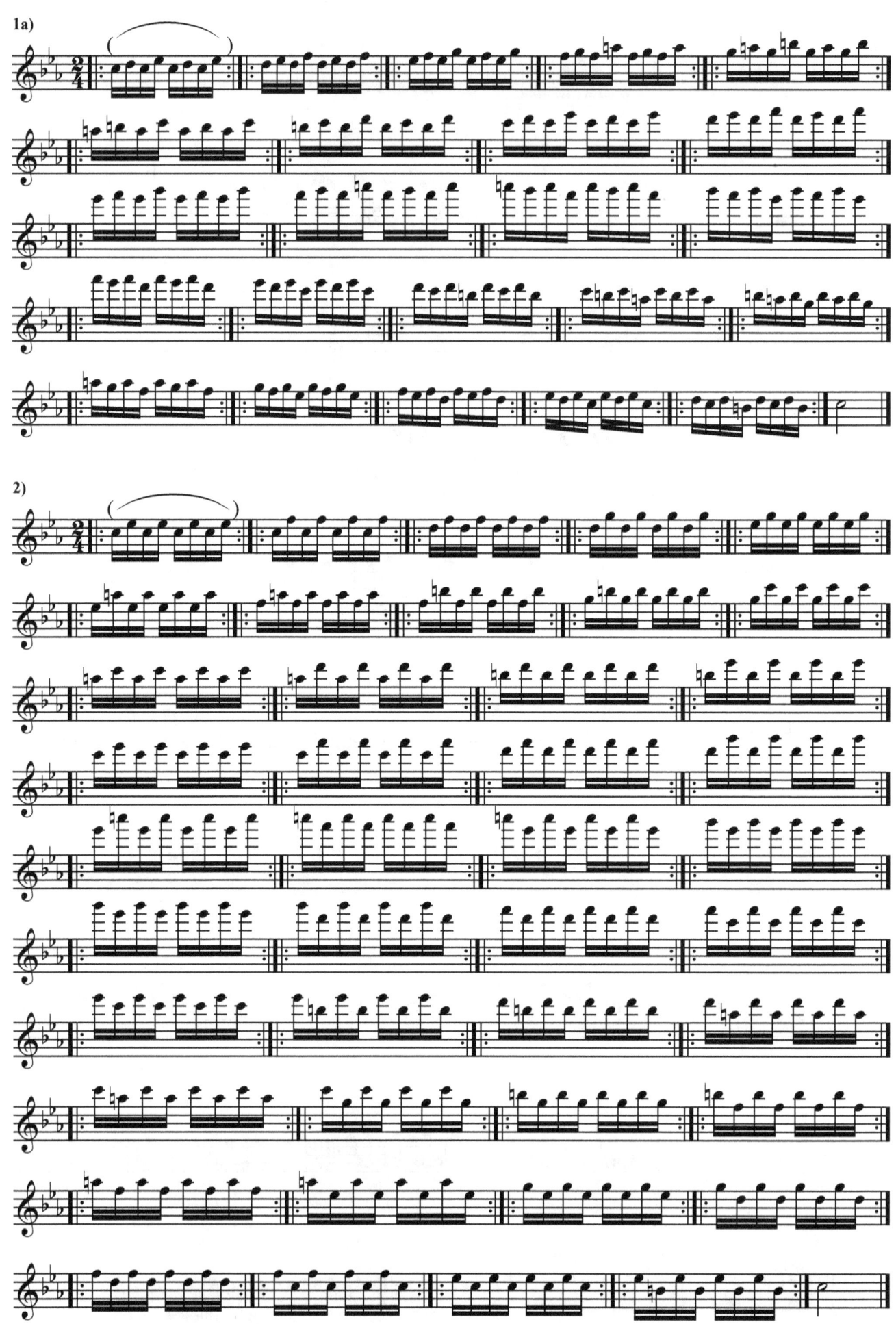

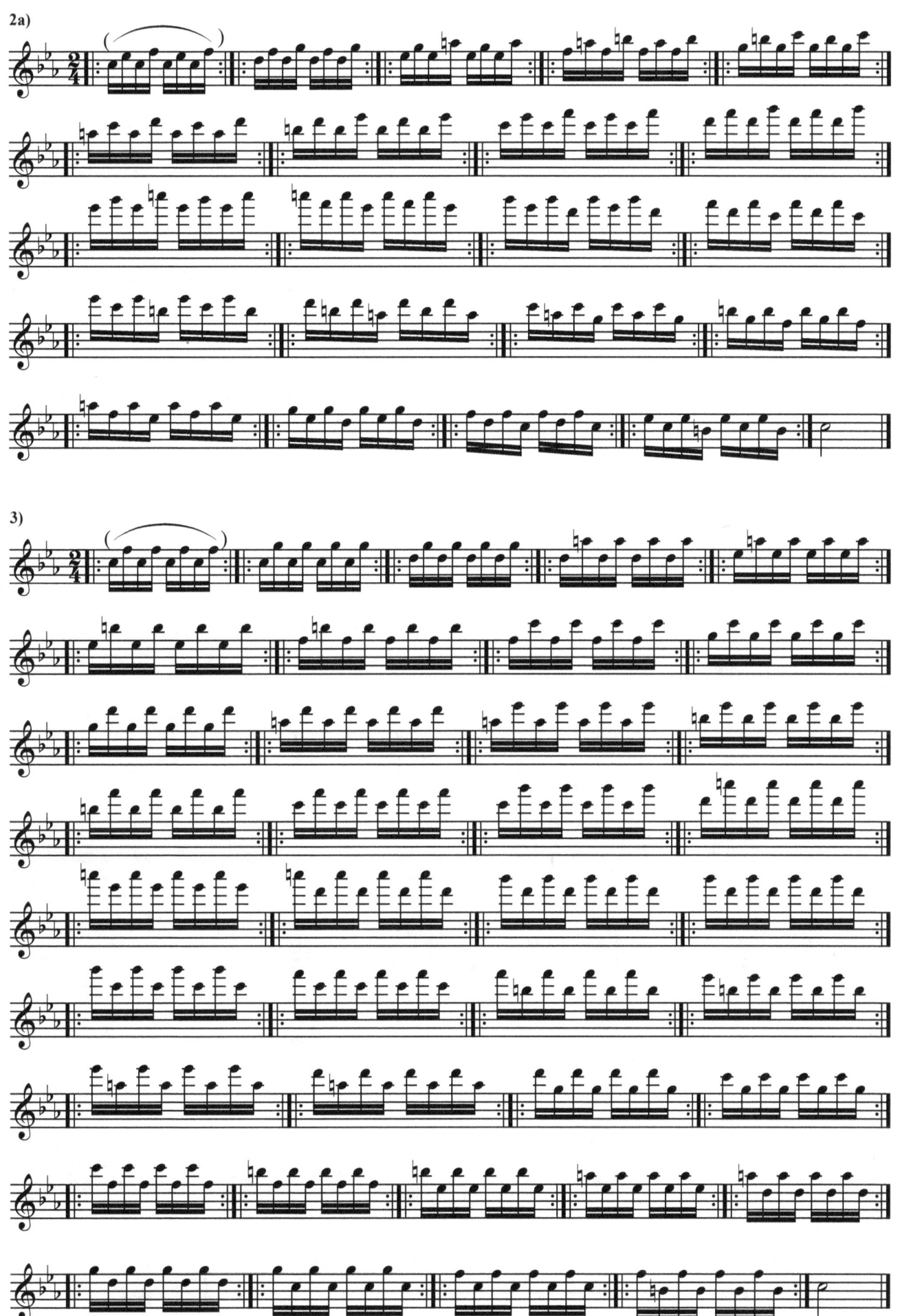

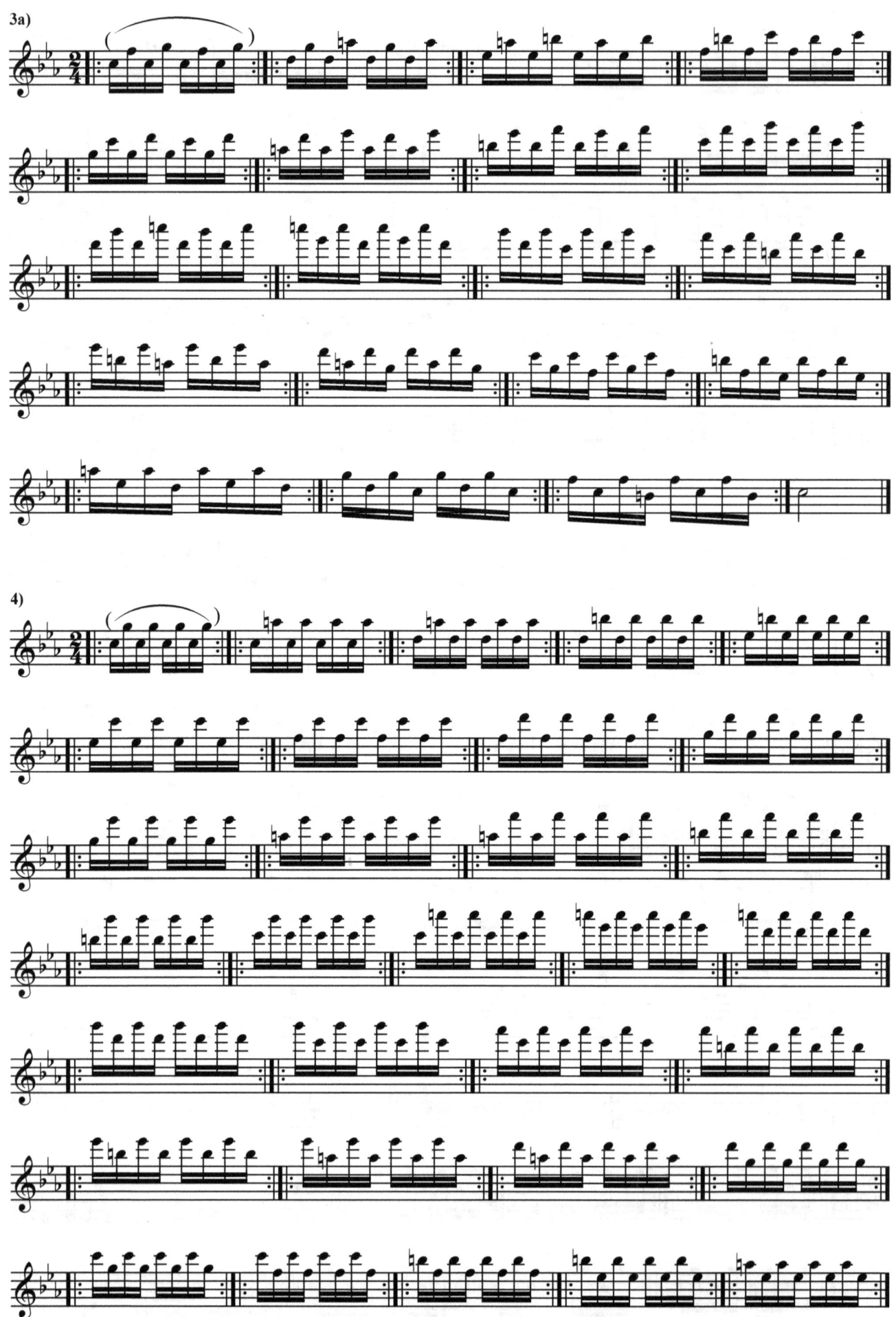

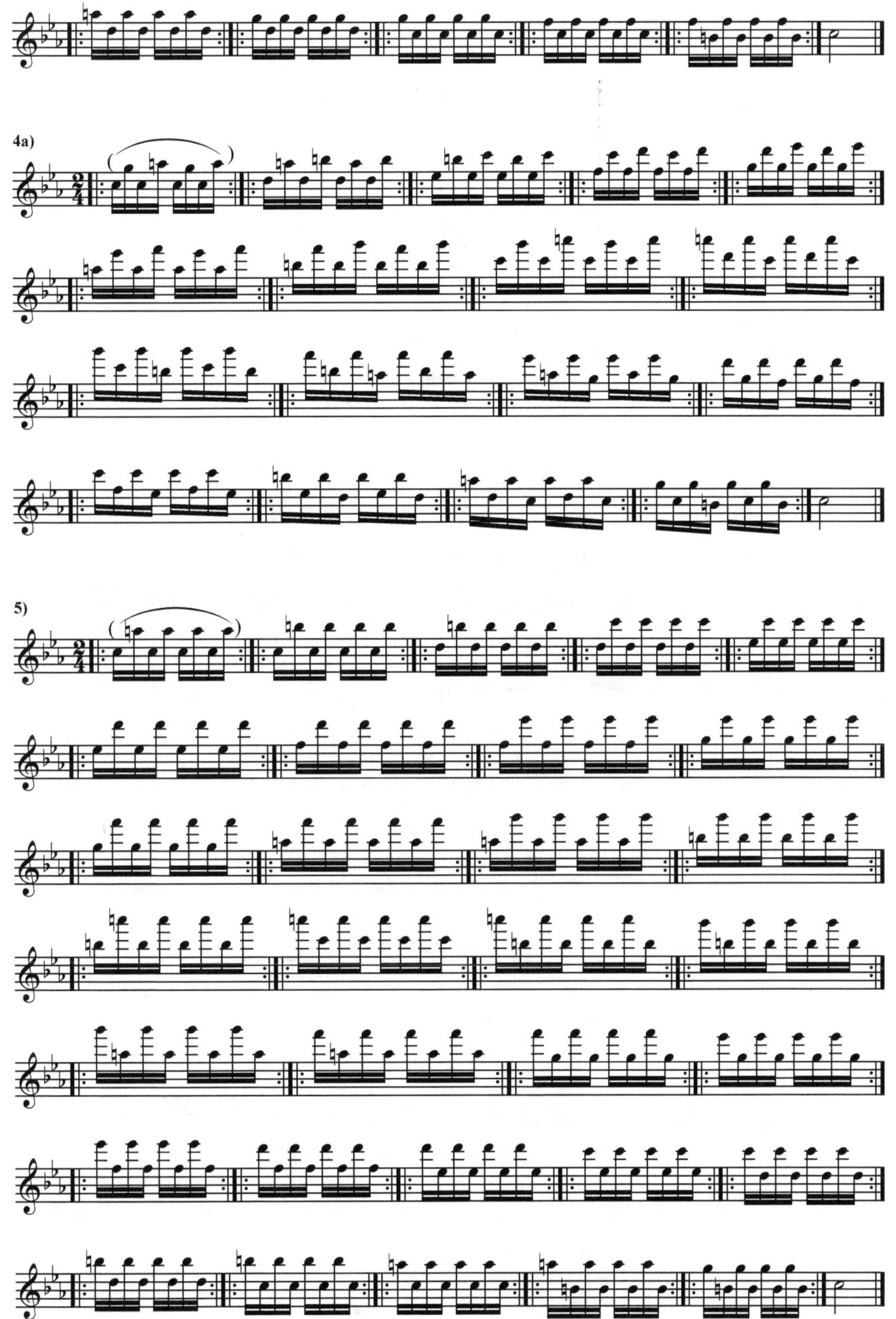

Titolo | Dedicato al Flauto Dolce - Gli scambi tra le dita per Contralto - Vol. 2
Autore | Celestino Dionisi

ISBN | 978-88-91148-81-0

© Tutti i diritti riservati all'Autore
Nessuna parte di questo libro può
essere riprodotta senza il
preventivo assenso dell'Autore.

Youcanprint Self-Publishing
Via Roma, 73 - 73039 Tricase (LE) - Italy
www.youcanprint.it
info@youcanprint.it
Facebook: facebook.com/youcanprint.it
Twitter: twitter.com/youcanprintit

Finito di stampare nel mese di Dicembre 2015
per conto di Youcanprint *Self - Publishing*

www.ingramcontent.com/pod-product-compliance
Lightning Source LLC
Chambersburg PA
CBHW081523160426
43195CB00015B/2477